JN438039

그리움도 사랑이어라

지성 · 감성의 메타언어
조선문학시인선 · 283

그리움도 사랑이어라

이 외 단 시집

조선문학사

■ 책머리에

글은 쓰되 책은 내지 않겠다 늘 다짐했건만 ...
부족한 나의 글을 공감할 수 있는 누군가가 있다면
여기가 처음이자 끝이 아니길 바라며 ...
항아님 속살 닮은 부끄러움과
새날 그 아침같은 설레임이 교차하지만 ...
지금 나,
너를 만나러 가고 싶다

마냥 부끄러운 내 마음을 세상밖으로 내어 보일 수 있도록
격려와 용기 주신 소설가 최성배 선생님
출간을 도와주신 박진환 교수님
미숙하기만 한 내 글에 깊은 사랑을 주신 해남을 사랑하는
모든분들께 마음의 감사를 드립니다
또한 묵묵히 바라보며 든든히 후원해 준 옆지기
오늘이 있기까지 응원해준 사랑하는 부모님, 아들, 딸과 함께
이 기쁨을 나누고자 합니다

2010 庚寅年 初秋
이 외 단

이외단 시집 **그리움도 사랑이어라**

제2부 / 나 그리고 너

제3부 / 계절이 다 가도록

제4부 시집평설

제1부

가면뒤의 슬픔

달마산 미황사(美黃寺)

줄줄이 기암괴석
의연한 병풍 칠제
금샘으로 표류하던
노승의 억겁 번뇌

형세는 장엄함이요
풍경은 수려함이라
세월의 굴레로도
얻지 못한 득도(得道)의 꿈

영험(靈驗)괘불 미소로
군고(軍鼓)소리 요란할 제
튀지 못한 땅속 범종은
허허로운 가슴 두드리나니

몸 앞서 마음 내 준
빈 마음 백치(白痴)영혼
동백 한 잎 동무 삼아
목 놓아 울어도 좋으리

은적사

첩첩산중 이십리 길
은적의 푯말 따라
오르고 오르나니
하늘빛 맑은 물에
세수하던 산짐승들
나를 놀라게 한다

북풍에도 피어난 동백꽃은
그 아픔 잊을 수 없어
이승의 끈 놓지 않으려
피눈물을 쏟아내며
은적의 풀섶을
핏빛으로 물들인다

다람쥐 노니는 나뭇가지에
솜털 같은 새싹이 비치면
어미의 정 그리는
새 가슴의 동자승
청동불의 위엄에

아미타불 아미타불

금강산 계곡 신심으로
갓 나온 야생 녹차 향기 발하면
호두나무 비자나무
옛 도인인양 우뚝 서고
불심으로 단련된 다람쥐
찬불가를 흥얼거린다

청동불의 큰 기침에
큰 스님의 죽비 올리면
석간수로 지은 공양
나그네의 허기를 채우고
추녀 끝 풍경소리
졸음을 불러오면
절간 같은 은적의 밤은
깊어만 간다

* 은적사 : 전남 해남군 마산면 장촌리에 위치한 절.

귀의(歸依)

유넌 정월 초순
엄마 따라 그곳에 가면
빨간 손 합장하며
반겨주던 이가 있었다

큰스님 법당에 엎드려
부처의 자비를 구할 때
아이는 하얀 눈 위에
이승의 자국을 남겼다

어느 봄 생모 따라
세속으로 돌아간 아이
잘 산다더라, 죽었다더라
소문만 무성하였지

다시 홀로 찾은 그곳에
지난 영화 흔적 없고
등줄기 굽어진 늙은 나무
피멍울이 맺혀 있다

코 베어간다는 전장에서
붉은 노래 부르지나 않는지
갈라진 석불은 오늘도
귀의(歸依)중생 기다리고 있다

두륜산 천년수

나 코흘리개 적
초등학교 수학여행 간다고
삼삼오오 올라가
마주했던 늙은 고목나무
지금쯤 얼마나 더 늙어졌을까

나 단발머리 적
엄마 졸라 친구들과
재잘재잘 올라가
안아보던 늙은 고목나무
지금쯤 얼마나 더 굵어졌을까

나 새침데기 적
물 맞으러 가는 엄마따라
살짝 올라가
수줍은 땀 식히던 늙은 고목나무
지금쯤 누구 땀 식히고 있을까

나 엄마 되었을 적

추억 만들어 준다고
쉬엄쉬엄 올라가
김밥 먹던 늙은 고목나무
지금쯤 무슨 추억 만들고 있을까

나 불혹이라 말할 적
마흔 넘은 아낙들과
시끌벅적 올라가
삶을 얘기하던 늙은 고목나무
지금쯤 누구 한을 듣고 있을까

내 나이 들었을 적
세상이 무너지는 소리 들려오면
지팡이로 올라가
즐겁고 행복한 날이 더 많았노라고
얘기해 주고 싶은 두륜산 천년수

북 미륵암

때늦은 설경따라
북암에 올랐더이다

춘삼월 삭풍에
으악새 움추렸더이다

낭설에 놀란
다람쥐 숨 죽였더이다

얼음동동 솔잎차에
영혼이 맑아지더이다

미소 가득 석불에
삼매경에 빠져들더이다

*북 미륵암 : 마애여래좌상(보물 제48호), 탑산사 동종(보물 제88호), 대흥사 북 미륵암 3층 석탑(보물 제301호) 등 많은 문화재를 간직하고 있는 암자.

울돌목

밑돌아 솟구치는 물굽이는
임진년 장군의 호령인가

휘저어 샘솟는 소용돌이는
묻어둔 삼별초의 반란인가

굽 일어 감기는 물타래는
스러지는 왜군의 몰골인가

사납게 갈라지는 물거품은
몽달귀의 슬픈 영혼인가

맴돌아 부서지는 파고는
절개 없이 흘러간 청춘인가

숨 가쁘게 맴도는 시간은
삼음음계(三音音階) 가앙~ 강~ 수울래.

아침재에 서노라면

사그라지는 육신
수렁에서 헉헉거리면
짚뭇 같은 다리 벗 삼아
굽이 굽이 붉은 길을 찾는다

저린 가슴 쓸어내려
억새에 온몸 비벼대면
풀잎 떨어진 그 자리에
떨궈진 그리움이 꿈틀거린다

지난 날 밑둥 꺾인 나무가
멎을 것 같던 숨결을 고르면
등줄기를 적시는 땀은
생명줄을 잇는 수정체 된다

아침문안 드리던 발길 따라
선인(先人)의 온기 차오르면
호족의 헛기침에 화들짝
현감에 노래 가락 들려온다

안부를 묻고파

샛바람 부는 고천암
여기에 서 있다

사진첩 속으로
희미해져가는 아이의 이름
머릿속에 되뇌이며
나쁜 자식!
독백처럼 뱉아내며
거기서 너 행복하냐?
고래고래 소리 질러 안부 묻는다

세찬 파도는 소리를 삭이고
날갯짓하던 물새들은 숨어버린다

그리움에 절규하는
내 마음을 아는지......
약속한 녀석, 그렇게 눈물짓다
또다시
홀로이 돌아선다

가면 뒤의 슬픔

번쩍이던 금빛 축제가 끝나면
화려함 뒤에 감춰진 얼굴들이
삐죽 고개 내민다

뿌옇게 나타나는
머언 동화 속 옛날 옛적의 우리들
안개 속으로 아쉽게 사라지고
어른이 되어버린 낯선 얼굴
두루뭉술한 언어의 유희들

말속에 가시를 박고
구멍 뚫린 심장에서 가시를 빼어보나
하얗게 멍이 들고
아픔으로 헝클어진 주전부리 시간들만
어둠으로 빨려간다

뻥 뚫린 서로의 가슴은
할머니의 약손으로도 치유될 수 없음에
하얀 깃발만 나부낀다

양파의 일생

– 故 이경해 한국농민연합회 회장의 죽음을 접하며

가느다란 떨림으로
병든 살을 맡긴다

치유의 아픔은
개천을 건너
바다로 전이되고
망나니의 칼질에
백혈구만 남는다

허기진 벌목꾼
헛나간 도끼질에
한 겹 희망마저
찢기어 나가면

한 방울의 연민과
잊혀질 꽃
한 송이 받는다

시린 언약

– 남북이산가족 상봉을 보며

봄의 숨소리로 다가온
차디찬 순백의 넋은
이제
한잎 두잎 떨어져 흩어집니다

눈 내리던 밤
함께 한 굳은 언약
가슴 속에 묻어둔 채
다시 오마던
임의 그림자
나무 그늘에 지워질까봐
긴 밤을 새워도 보았습니다

휘영청 달 밝은 밤엔
임께서 부르는 소리
바람이 채갈까 봐
애꿎은 문풍지를
뜯어도 보았습니다

그리워
임 그리워
내 가슴은 타는데
약속한 나의 임은
어느 임 품에 안겨
날 새는 줄 모르는가?

달님의 빛인지
매화의 넋인지
이 밤은
가슴 시리도록
하얗기만 합니다

인동초 지던 날

하염없이 흐르는 눈물
어찌해야 한단 말입니까
2009년 8월 18일 1시 42분
당신의 서거 소식은
믿고싶지 않은 슬픔입니다

당신이 억압이라는 병마와 싸울 때도
늘 그랬듯이
괜찮을 거야 했습니다

당신의 손을 잡은 적도
당신과 말을 섞은 적도 없지만
당신을 사랑했습니다

오늘 나는 보았습니다
당신의 영정 앞에서
들풀로 지탱하였던 민초들의 힘겨움을

고개를 저어 봅니다

아직은 보낼 수 없기에
아직은 때가 아니기에
속절없이 가슴만 칩니다

추운 계절에 더욱 더 빛나던
당신은
나의 인동초이셨습니다

친구의 무덤

너의 집 앞을
나 지나간다
차마 멈추지 못한 채
눈빛으로 인사를 하며

잘 지내지?
나도 잘 지내
말없이 안부를 물으며

너의 집 가는 길엔
가시덤불 진을 치고
너의 대문 옆엔
억새풀만 무성한데
머무는 바람은
너의 넋이리라

마감한 짧은 생
못 다 이룬 꿈은
억새꽃 되어

춤추며 나를 반기는데

너의 무덤 앞을
그냥 지나간다
오늘도 나는

알 수 없는 인생

빌딩이 토해 놓은
덩그런 그림자 하나
삐그덕 기억의 찌꺼긴가

쏟아지는 별빛
오므라진 아쉬움 하나
이음새 추억의 장난인가

애닯은 영혼
애타는 주름 하나
사라진 시간의 구김인가

황량해진 가슴
끈적이는 허망함 하나
모난 생의 흔적인가

애달픈 등줄기
찌그러진 자국 하나
이 몸이 뒤척였던 훈장인가

투명한 창문
싸늘한 손짓 하나
날 찾는 고결한 넋인가

소주 한잔 마시고 떠난
몸뚱이 가는 길 공허함 하나
빈손 생의 숙명인 것을

달빛 무상

초가지붕 감싸던 달빛은
수줍은 매화 빛이었는데
콘크리트 벽 휘감은 달빛은
차가운 그림자 빛이네

섬돌 위를 비추던 달빛은
새아씨 옥비녀 빛이었는데
창가를 두드리는 달빛은
내 어미의 한숨 빛이네

호수 위를 반짝이던 달빛은
항아님의 속살 빛이었는데
담수호로 흩어지는 달빛은
배부른 놀부의 트림 빛이네

허공의 내던져진 달빛
통곡으로 오작교를 건너면
만삭의 배 움켜쥔 내 어미
가슴 속 숯덩이를 토해내네

밥풀꽃
– 촌부의 딸로서 벼 야적 시위를 보며

꽃이 피었다
내 아비의 손등 위에
밤색 검버섯꽃이

꽃이 피었다
내 어미의 가슴팍에
검은 숯검뎅이꽃이

꽃이 피었다
내 아우의 이마 위에
벌건 알코올꽃이

꽃이 피었다
내 동무의 무덤 위에
허연 쓴 웃음꽃이

꽃이 피었다
온 대지 위에
빨간 밥풀꽃이 피었다

보리쌀 한줌

한줌 보리쌀에는
정만 묻어있는 게 아니다
유년의 추억이 남아 있고
그리움의 눈물이 고여 있다

한줌 보리쌀에는
사랑만 넘쳐나는 게 아니다
음 잃은 소리가 젖어 있고
철 지난 청춘이 쉬고 있다

한줌 보리쌀에는
매끄러움만 숨쉬는 건 아니다
연분홍 치마가 감겨 있고
검정 고무신이 숨어 있다

한줌 보리쌀에는
소녀의 추억만 갇힌 게 아니다
여인의 숯덩이 가슴이 있고
사내의 질편한 풍류가 있다

못 견디게 그리운 것이
보리쌀뿐이랴 마는
이 밤
보리쌀 때문에 잠을 설친다

콩자반을 만들다

검은콩 두알 묻고
풀 맨 자리 물러 앉아 두알 묻고
고무신 아픈 다리 끌어 당겨
또 두알 묻었을 어머니

아침 이슬 걷히기 무섭게
볕이 내리쬐기 전부터
바랭이풀을 찾느라
허리 한번 못 펴셨을 어머니

벌레가 줄기를 치기 전에
보라색 콩꽃이 피기 전에
연록의 콩깍지가 생기기 전에
약을 못 쳐서 애타셨을 어머니

풀섶 내린 이슬로 몸 적시고
땡볕의 무더위조차도
오로지 자식 위해
감내하셨을 어머니

오늘 나
아른거리는 콩꽃 때문에
당신의 주름진 손등이 생각나
콩알만 한 눈물로 간을 합니다

유년의 언덕

살며시 왔다가
홀연히 가버린
유년의 중심에는
커다랗고 으스스한
돌무덤 하나 있다

돌을 던지면
귀신처럼 괴성을 질러댔고
두 손 모아 합장을 하면
색색의 헝겊들이 춤을 추었다

홀로이 그 앞을 지나면
식은땀이 흘러 내렸고
돌 틈새 구멍에는
구렁이가 혀를 날름 거렸지

어느 날이던가
징소리에 맞춰
낯선 남자는 주문을 외웠고

깃을 꽂은 여인은 춤을 추었다

멍석에 누워 있던
순자네 새언니 입가에는
봉숭아 꽃물보다도
더 빨간 핏물이 흩어졌다

그 어렸을 적의 돌무덤은
때때로
내 머리 틈새로 들어와
콘크리트 벽을 허물며
순자네 새언니를 찾고 있다

여행의 핑계

안개가 자욱이 피어오르는
햇살 따뜻한 아침이 찾아오면
정처 없는 길을 떠나고 싶다

간수의 감시를 벗어나
탈옥한 죄수가 되어서라도
다람쥐 쳇바퀴의 일상에서 헤어나고 싶다

수백 천 일의 긴 세월
그리움의 망부석이 되어버린
촌부의 아내 같은 형상에서
이제 벗어나고 싶다

스쳐온 세월의 아픈 기억들을
지나간 상념을 떨쳐 버리고
다가올 행복을 찾으러
그렇게 무작정 떠나고 싶다

어느 날 예고 없는 아픔이 찾아와

또 다시 눈물이 흐르게 될지라도
이제는 웃으며 살아가고 싶다

이 밤이 가고
새벽이 오면 나그네가 되어
아무도 모르게 살짝이
완행열차를 타고

산 너머 강 건너
숨어있는 행복을 찾아 나서고 싶다

새날을 기다리며

불타는 산책로
유유히 걷는 생중(生中)
화냥년 후리향내가
역겹다 혀를 차면

정인(情人)의 마음도
정사(情事)의 쾌락도
알지 못하는 무지(無知)에
붉음으로 답하는 가을

시작도 끝도 모른 체
화음만 듣는 행중(行中)
뜯기는 신음소리
바람에 귀 닫아도

피멍의 옹이 얹고

한줌 흙 될지언정
찬란한 새날 있음에
희망가를 부르는 가을

* 생중(生中) : 술에 취하지 아니하여 정신이 맑은 동안.
* 행중(行中) : 길을 가는 모든 사람.

옛 음정

외딴집 초가 위 생솔연기는
먹구름보다도 검게 피어올랐고
까만 가마솥 안에는
딸그락딸그락 놀짱놀짱
일곱 식구 고구마가 익어 갔다

흘러간 날
비석 묻힌 무덤가에
비료포대 썰매가 달리고
칼바람 언덕배기는
검정고무신 스케이트가
해지는 줄 몰랐는데

도란도란 정겹던
햇볕 들던 그 옛집은
변성기 노래 따라 허물어지고
사랑의 꿈 좇던 걸음 멈추어
옛 노래 불러보려 하는데
잃어버린 음정 떠오르지 않고
하염없이 하얀 눈만 내리네

기도

도와주소서
갓난이 같은
맑은 눈을 원하옵니다

다짐합니다
스스로를 사랑하는 것보다
이웃을 더 아끼겠습니다

바라옵니다
이브의 사과와
판도라의 상자가 처음대로이기를!

하지만
이 모든 것을 소원하기는 내 초라함이
너무 큰 욕망이기에
목숨만큼 깊게 기도하옵니다.

무형의 아쉬움

아쉽다
그 향내 맡을 수 없음이

애달프다
그 음성 들을 수 없음이

서럽다
내미는 손 잡을 수 없음이

아프다
소리 내어 울 수 없음이

슬프다
다시 볼 수 없음이

외롭다
둘이 갈 수 없음이

고프다

공허함 채울 수 없음이

그립다
무형으로 사라짐이

오늘도

옹알이를 한다
갓난애도 아닌 것이

웃음이 난다
소녀도 아닌 것이

삐죽거린다
늙은 여우도 아닌 것이

아침의 고요는
아직 멀었는데

꽃 물든 내 가슴은
오늘도 퉁 퉁

밤으로 가는 길

청솔매의 하품에 못 이겨
해거름이 산자락에 스며들면
동자승의 걸음을 재촉하는 땅거미
검은 빛으로 밀려오리라

눅눅히 밀려오는 그림자의 넓이
하염없이 초연해지는 시간 속에
소리 없이 다가와 어둠은 크고 넓어서
이내 젊음도 밀리어 가리라

작설차의 향기에 젖어
고로쇠의 수액이 흐르고
핏빛으로 변해버린 동백과 손사래 치며
나 또한 그렇게 가리라

길에 관한 생각

길을 가다가
양지 녘 볕을 쬐이면
엄마처럼 안아주고 싶다

길을 가다가
홍시빛 노을을 만나면
연인처럼 사랑하고 싶다

길을 가다가
무리의 철새를 쳐다보면
장님처럼 노래하고 싶다

길을 가다가
늙은 가로수를 지나면
아이처럼 달려보고 싶다

길을 가다가
씨뿌리는 농부를 만나면
새싹처럼 자라나고 싶다

길을 가다가
무성들이 잡초를 만지면
제비처럼 앉아보고 싶다

길을 가다가
땀 흘리는 개미를 보면
무쇠처럼 강해지고 싶다

저마다 모든 것들이
열심히 살아보겠다고 발버둥치고
흔들림 없이 사는 일은
바로 오늘이다

오늘처럼

옭아매지 않아도
마주치는 인연이기에
한권의 자서전으로도 담을 수 없는 비밀과
할퀸 영혼을 간직한 채
서로의 눈짓에 얹혀
벙어리로 살아가련다

이유 없는 미움과
아픔 있는 사랑에
오막살이 초가를 세우고 헐기를 몇 번
타인들의 가슴 들여다보며
장님으로 살아가련다

자갈밭의 흔들림이
황톳길에 속삭임으로
어느 날 찾아든다 해도
그날도 오늘처럼
나
그렇게 살아가련다

병상에서

당신은 보이지 않았습니다
시부의 뼛국을 끓이던 날에도
시모의 보약을 달이던 날에도

생각나지 않았습니다
산해진미를 맛보던 날에도
뉘집 부모 관광 가던 날에도

느끼지 못했습니다
아이의 생일 파티를 하던 날에도
시누이의 결혼기념일에도

함께하지 못했습니다
병석에서 사경을 헤매던 날에도
예순한 살 탄신일에도

하지만 이제는 당신이 보입니다
식솔 뒷바라지로 굵은 힘줄 망가져
퍼런 핏줄만이 엉성한
아부지의 그 손등이

할미 손

- 2002 월드컵 때 지인의 모친 사연을 듣고

흰 눈 내리던 날
꼼지락꼼지락
희망으로 찾아왔던

햇살 화사한 날
또르륵또르륵
새잎으로 파고들던

바람 감미로운 날
달그락달그락
부품으로 흔들리던

향내 파도치던 날
사각사각
꽃 떨어져 움츠렸던

아픔으로 울부짖던 날
힐끔힐끔
살강으로 서러움 넣던

녹음 우거지던 날
쥐엄쥐엄 짝짝
노래하고 춤추던

별 가득 빛나던 날
쭈뼛쭈뼛
서랍 속 그리움 꺼내던

하늘 무너지던 날
넘실넘실
피눈물 받아내던

대한민국 외치던 날
쉰 자(子)의
회환의 눈물 받아주는
팔순 노모의 손

갓 스물에 시집 와서 날벼락 맞은
청상과부의 서러움 떨치더니

남겨진 남매를 힘들게 키워
애들 출가시켜 손자들 키워 주시다
부모 앞선 큰 딸을 하늘로 보내고
그 충격으로 치매에 걸려
아들의 보살핌을 받는
한 많은 인생살이

다섯 손가락

옹기종기 엎어진 집들을 지나
맨 꼭대기 마당 넓은 우리 집

물꼬시나무 그늘아래
파란 대문 들어서면
뜰엔 아롱다롱 꽃 잔치 열리고
향나무 울타리 포근함 속에
크고 작은 장독들이 햇빛으로 반짝였지

포도 넝쿨 뻗은 평상에 둘러앉아
바둑아! 순이야!
아야! 어여~
국어책 읽으며 다섯 손가락 칭칭 감아
봉숭아 꽃물 들였지

이 밤을 추억으로 물들이려 하나
손가락 하나 보이지 않네
새벽닭 홰치는 소리만
물들일 날 기약하는 것처럼 아스라하고
새벽 별만 애처롭게 흐른다

아버지의 이름

풋보리 이랑 넘어
풋나락 개울 저편
미소로 서 계시던 아버지

산까치 꺽꺽대는 뒷동산에
풀벌레 노래 개울가에
들풀로 서 계시던 아버지

비바람 불던 벌판에
눈보라 치던 황야에
나무로 서 계시던 아버지

기나긴 나날
모진 풍파에 이제는
해바라기로 서 계시는 아버지

오늘 당신 가슴에 내리는
눈물을 보았습니다

당신의 주름진 백발이
황량한 내 가슴에
이 여름 찬비를 내립니다

외할머니 감나무

외갓집 큰 우물가
커다란 감나무
지금도 장두감이 주렁주렁 달렸겠지

황톳길 멀리 걸어
흙먼지 범벅되어 찾아가노라면
항아리에 가득 우린 감들이
주린 배를 채워 주었고

눈보라 헤치며
손 호호 불며 찾아가면
바구니 가득 든 홍시로
밤 깊은 줄 몰랐는데

그때 거기 웃던 외할머니
다시 뵈올 수 없고
도란도란 외사촌들 소식조차 모르는데
코흘리개 땅꼬마는
세월의 수만큼 주름이 늘었다

언제부턴가 찾을 수 없었던
우물 옆 감나무는 어찌 되었을까
이 밤 문득
그리운 외할머니 감나무

홍주(紅酒)는 동반자

너를 찾았다
고목이 되어버린 내 아비
병상의 해바라기 되어
그림자로 흩어지던 날

네가 있었다 그 자리에
잿빛 구름
콘크리트벽 감도는 바람으로
찬비마저 뿌리던 밤

너와 내가 보았다
들장미 향내에 무너진
땡볕 한철 두견새의 사랑이
핏빛으로 절규하던 모습을

네가 지켰다
항아님 속살 같던 내 어미
만삭의 배 움켜지고
가슴속 숯덩이 토해 내던 것을

시리도록 하얀 밤이 찾아와
하늘 무너지는 소리 들려
나,
무형으로 사라질지언정
내 너와 함께 하리니

홍주(紅酒)의 유혹

한양이라 낯선 객줏집
우리 말 쓰는 이들
하나, 둘 모여 들어
도래상이 걸판 해 질 즈음
울돌목의 파고 치솟는가 싶더니
어느새 달빛은
묵향(墨香)속으로 파고들어
미분음(微分音)의 육자배기 구성지다

가락은 슬픔을 참는 소리
장단은 인고의 추임새

가슴 다른 심장을 품은
그리움 가득한 고뇌들의 혀끝을
알싸함으로 머물게 한
외투 속 홍주 한 병이
세파에 멍든 촌부의 가지들을
얼얼한 꽃향기로 감싸 주네

소쩍새

소쩍꿍 소쩍꿍
노래인 줄 알았건만
허기진 육신
구걸의 간청이네

소쩍꿍 소쩍꿍
울음인 줄 알았건만
고독한 영혼
구애의 몸짓이네

소쩍꿍 소쩍꿍
용서인 줄 알았건만
불타는 육신
원망의 검뎅이네

소쩍꿍 소쩍꿍
마중인 줄 알았건만
검은 영혼
배웅의 외침이네

제2부

나 그리고 너

당신이었지요

겸연쩍은 표정으로
수줍게 미소 짓던 당신은
간밤 꿈속에 있었습니다

사진첩 빛바램으로
아스라이 찾아들던 당신은
갇힌 추억 속에 있었습니다

내리는 빗방울로
단잠을 깨우던 당신은
창문 저 너머에 있었습니다

토담집 숨소리로
빗장을 두드리던 당신은
고샅 저편에 있었습니다

풍경의 우짖음으로
내 가슴팍 후비던 당신은
세월 따라 잊혀져갔습니다

아픔의 그 이름

이제는 영영 볼 수 없는 그 아이를
아직도 그리워하시나요
동지섣달 기나긴 밤
그렇게 눈물로 지새우며
그 숱한 낮과 밤들은
당신을 지워 버렸습니다

얼굴 위에 깊은 골은
내 눈동자에 판박이가 되고
검버섯으로 얼룩진 손등은
내 가슴속을 후비며
굽어진 당신의 허리는
내 심장에 비를 내리고
머리 위 잿빛 안개는
내 안에 내를 만듭니다

지나온 세월
자식들 위해 팽개쳤던 당신의 젊음은
이제 어디에도 없습니다

이제는 그 눈물 거두소서
무거운 짐 다 내려 두고
당신을 위해 사소서
당신의 마지막 가는 길
너울너울 춤추며
웃음으로 가소서

어머니.

추억 속의 사랑

어느 날 사랑 하나
나의 가슴 속에 새겨졌다
진달래 향기에 젖어
수줍은 봄볕에 취해
그렇게 다가오고 있었다

장미의 열정으로
반짝이는 은빛 파도로
불꽃인양 타 올랐었고
참새와 허수아비
출렁이는 코스모스 물결은
우리들의 즐거움이었다

그러나
그리움에 지친 동백꽃마냥
지워지지 않을 추억 하나
내 가슴에 남겨둔 채
낙엽 따라 가버렸다

슬픈 인연

밀려드는 그리움은
애잔한 선율로 흐르고
내 곁에 머물러 있지만
난 너를 찾을 수 없다

흐드러지게 피었던 참꽃은
삼복더위에 흔적 없이 사라지고
물결조차 숨죽인 저수지에
개구리의 울음도 멈추었다

서러움으로 주름진 얼굴
아픔으로 휘어진 허리는
흰 서리가 내린 백발이 되어
이제 너에게로 향하고 있다

끝이 없이 펼쳐지는 삶에서
너를 향한 그리움은 더해만 가고
거부할 수 없는 모자의 인연 앞에서
난 또 다시 피눈물을 삼키었다

지워진 발자국

허공에서 하늘하늘 내리는가 싶더니
금새 하얀 세상이 되었다
아무도 밟지 않은 그 길 위에
나만의 발자국을 새겨본다

지금 내가 가는 이 길
그 끄트머리에 있는
누군가를 만나기 위해

기억 속에 그 겨울은 다시 올 수 없지만
앞서간 이의 보이지 않는
발자국을 찾아내고 싶다

그대여! 보이는가?
내 그리움의 발자국이
그대 가는 길 따라 가고 또 가도
한없이 멀다는 것을
왜? 나에겐 말해주지 않았는지

지워져 버린 그대 발자국 원망하며
왔던 길 되돌아 가려하지만
그 또한 지워진지 이미 오래이네

그 이름 석 자

스쳐간 계절이 수십 번
가을은 다시 오려 하는데
가신님은 돌아오지 않네

자연은 제 살을 털어내고
짐승은 그 살 거둬들이는데
그리움만 새기라 하네

임의 향기 보듬을 수 없고
임의 소식 품을 수 없는데
임의 모습 지우라 하네

가을날 불장난이었노라
잊어버리려 해도
가슴 속에 뚜렷한 그 이름 석 자

나 그리고 너

붉은 태양이
빛을 발하는 아침이면
낡아빠진 청바지를 눈물로 두드렸다

오렌지 빛 노을이
대지를 감싸는 해질녘이면
석양으로 멀어지는 너를 그렇게 보내었다

칠흑 같은 어둠이
시야를 가리는 밤이면
꼭 한번 만나고픈 너를 찾아 달렸었다

불현듯 알 수 없는 어느 곳에서
너의 영상 떠오르고
환청처럼 들리는 너의 그 음성을

이제는 그만 ...
하면서도
난 또 너를 찾고 있다

그리운 꿈

우리 형제 중에
내가 믿고 믿었던
동생 하나 있었네

나 외로울 때 위로해주고
나 화났을 때 달래주었던
믿음직한 동생이었네

유년의 기억
아직 그대로 살아있건만
그 옛날 함께 걸었던 언덕배기를
나 홀로 걸어왔네

나이 먹어 가까이서 살자던
그 맹세 고천암 바람에 날려
바다 위로 던져버렸네

하얀 이 드러내 웃으며
돈 많이 벌어

세계일주 하자더니
진눈개비 맞으며
홀로이 가버렸네

남겨진 이들의 슬픔을
나 몰라라 외면한 채
아무런 예고도 없이

사랑한다 말 한마디
끝내 하지 못한 채
하늘나라로 보내버렸네

한여름 밤의 추억

이 밤도 별은 빛나건만
내 어렸을 적
산속 오두막집 마당엔 모깃불 피어오르며
멍석 위엔 삶은 옥수수 가득 놓고
밤이 새도록 마주하던 그 사람은
보이지 않는다

그새 해와 달이 몇 번이나 뜨고 졌던가
그 옛날 그 모습 그대로
어느 하늘 아래서
낯선 이와 마주하고 있을까
박꽃 같은 웃음 지으며
재잘재잘 속삭이던
그 목소리 다시 듣고 싶다

이제 환한 전깃불 속에서도
그 모습 영영 찾을 수 없으니
이 밤도 나는 홀로
산속 오두막집을 찾아 헤맨다

임이시여

꼭 구해주리라는 믿음이
암흑 속에서 방황하고 있을 제
그 허망함을 어찌 견디었나이까

짧은 생의 기억들이
눈물로 마침표를 찍을 제
그 푸르름 그리 멎을 수 있었나이까

젊음의 불씨 지피지도 못한 채
처참한 영혼 되었을 제
그 사그러짐 또한 얼마나 억울했나이까

죽음의 공포보다도
더 끔찍한 희망의 끈 놓을 제
그 공허함 뉘를 원망하였나이까

함선이 찢겨지고 그대들 청춘 찢겨질 제
가슴만 치던 나를
절대로, 절대로 용서치 마소서

그대 위해서라면

봄 미나리 살찐 향기까지
소쿠리에 한가득 담아
그대에게 드릴 수 있다면
개울가를 헤매어도 좋아라

열정의 장미 한 다발
하얀 꽃병에 꽂아
그대 방에 둘 수만 있다면
손가락에 피멍 따윈 상관없어라

무서리 맞은 노란국화
그대의 한시름 푸는
한 잔 술이 될 수만 있다면
다리품을 팔아도 나는 좋아라

개울 속 물고기 한 마리
아침 밥상에 올려
그대 살찌울 수만 있다면
시린 손 호호 불어도 상관없어라

어허, 상사화

복사꽃 지던 날
살포시 깨어나
연분홍 그리움으로
입 다물어 버리더니

오뉴월 두견이의 구애도
육칠월 천둥번개 두드림도
작열하는 영혼까지도
목석인 양 외면하던 너

선홍빛 망사 걸치고
잊어진 향냄새 풍기며
붉은 화냥끼로
멍든 가슴 후벼 대더니

달빛의 도도함에
시린 사연 읊지도 못한 채
또 다시
묵언수행 애처롭구나

짝사랑

무심도 하다
얄미운 들장미

그 향기는 독하여
다가설 수 없고

서슬은 퍼래서
보듬을 수조차 없네

처량하구나 그 웃음
애닯구나 그 몸짓

땡볕 한철
가슴 타는 두견새여!

눈먼 사랑

꽃잎 지는 밤 조용히 누우면
심장의 박동소리 가늘어지고
그대를 향한 그리움은
이슬처럼 내려옵니다

바람 스산한 밤 홀로이 누우면
떨리는 낙엽소리 차갑게 들리고
그대를 향한 그리움은
안개처럼 덮여 옵니다

진눈개비 뿌리는 밤 살며시 누우면
창가의 불빛마저 사라지고
그대를 향한 그리움은
베갯잇을 적셔 옵니다

온 세상 하얀 밤 살포시 누우면
눈먼 사랑 조롱 속에 갇히고
그대를 향한 그리움은
부끄러운 영혼 됩니다

못다한 날들

가을이 오면
보고싶은 아이가 있습니다

하늘거리는 코스모스길을
손잡고 걸어보고 싶은
그런 아이 있습니다

원망처럼
어디 갔다 이제 왔느냐고
고래고래 소리내어 꾸짖고 싶은
그런 아이 있습니다

길을 걷다 예쁜 벤치가 보이면
그곳에 마주 앉아
즉석 사진을 찍어두고 싶은
그런 아이 있습니다

밤이 새도록 재잘거리다
아침을 함께 먹고싶은

그런 아이 있습니다

아무 말 없이
눈빛만 보아도 알 수 있는
그 아이 보고싶습니다

가을이 오면
꼭 한번만이라도 만나고 싶은
그리운 아이가 내 마음에 살아있습니다

햇배 하나

산골짝 굽이굽이
덜컹덜컹 백리길
불티재 조심스레
우슬재 살금살금

지나서 고이고이 가져온
햇배 하나

가쁜 숨 멈추고
칼 어디 있소?
이거 젤 큰놈인께
누나 묵으시오

겁나게 맛있겄제?
한 박스 삼시로
골라온 것이랑께
우와, 참말로 맛있구만

덤으로 얻어온

제일 큰 햇배 하나

지금은
누구에게 내밀며
어느 골짜기
어느 고을 서성일까

그 자리 그 곳

너 떠난 그 자리 그곳에
오늘 나 홀로 서 있네

반기는 이, 잡는 이 없는데
나는 여기, 왜? 서 있는지

어제의 악몽에서 깨어나
새로운 무엇을 찾기 위함인지
아니면
피우려다 만 가엾은 영혼에
다시금 생명수를 뿌리려함인지

지나간 추억은 닳아빠진 필름처럼
비비 꼬이고 되감기는데

아득히 먼 추억들은
띄엄띄엄 발자국만 남기며
어디쯤인지 분간조차 할 수 없는데

너 떠난 그 자리에서
멎어버린 내 발자국은
돌아갈 길을 찾지 못해 헤매는데

오늘처럼 눈발이 날리는 날이면
나도 몰래 그 자리 그곳에 서 있네

비겁자의 단상

숭례문아
다섯이란 숫자로 이별이구나
긴긴 세월 모진풍파
인고의 육백은 너 어디로 갔느냐

무자년 정월 초닷새 날
억장 무너지는 소리
남대문이 불에 탄다
삼천리를 깨우려 했더냐

귀 멀고 눈 먼 관료 아래
힘없는 백성 숨죽였건만
핏빛 영혼으로 절규하는
선인의 통곡은 들려오나니

너의 눈물은
한반도를 붉게 적시었고
민족의 회한에 함성은
땅 끝까지 울렸나니

아서라
너의 탓도 나의 탓도
누구의 탓도 아니려니
입 다물고 눈감은 우리 탓이로다

여보게 친구
술이나 한잔 하세나
맑은 정신으로
자네와 나
춤을 출 수는 없지 않는가

불여귀(不如歸)

저 놈의 울음소리
무슨 바람이 불었기에
가슴속 풀무질인가

절간 같은 산야가
군침으로 홍분을 하는데
저고리 풀어 젖히고
주린 사랑을 찾아 헤매는가

새끼는 난전(難戰)에 두고
지난 수모도 잊은 채
욕정에 목마름으로
신열을 일으키는가

빨갛게 달군 가슴
불꽃 웃음 튕기다가
들장미의 입맞춤으로
불장난은 숯덩이 되는 것을

숙쩍궁 숙쩍궁
무색 가슴만 태우는
저 놈의 울음소리

* 난전(難戰) : 어려움을 무릅쓰고 싸움.

비겁자 보고서

작은 행복은
공기업 민영화로

힘찬 희망은
고유가 상승으로

해맑은 미소는
살수차 패역(悖逆)으로

조 · 중 · 동의 귀마개에
사고(思考) 않는 영감들

아들아!

겁쟁이 어미
광우병 소고기 먹고

민영화에 신음하다
고샅에 쓰러지거든

비겁한 육신
대운하에 뿌려다오

* 패역(悖逆) : 도리에 어그러져 패악하고 불순(不順)함.
* 사고(思考) : 어떠한 문제나 과제에서 출발하여 결론으로 이끄는 관념의 과정.

노을빛 연민

어느 날 문득
그곳에 앉아 보았습니다

청량한 벌레 소리는
다정한 속삭임이었습니다

스치는 미풍은
아스라한 숨결이었습니다

싱그러운 풀냄새는
상추잎 같은 부드러움이었습니다

피어오르는 아지랑이는
보드라운 살결이었습니다

따스한 햇살은
박꽃 같은 미소였습니다

모두가 그때 그대로인데
홍시빛 노을만은 애잔한 흐느낌입니다

어떤 위로

밤이 찾아온다
별마저 잠들어 버린 밤이

초침은 멈출 줄 모르고
빛 발하며 해는 떠오른다

나를 찾는 이들은 말한다
모두들 앵무새가 되어

이제는 잊으라고
잊어야 한다고

남아있는 자들이
맞이하는 밤에는 별이 없다

살아있는 자들의
가슴에는 해가 없다

내 가슴에 해와 달은
뜨지도 지지도 않는다

늪

무엇을 찾기 위해
밀림 속을 헤매는가?

무엇을 얻기 위해
밤을 지새우는가?

무엇을 갖기 위해
서로 싸우는가?

무엇을 보기 위해
정상에 오르는가?

무엇을 남기기 위해
삶을 부르짖는가?

운명의 여신은
누구를 위하여 존재하는가?

장미의 뜨거운 열정도

백합의 순결함도
사라진지 오래인데

수없이 파도치는
인생 여파 속에서
먼 훗날의 내 무덤가를 거닌다

스무살 풍경

해운대에 있었다
그대와 나

동백나무 숲길을 지나
나무의자 쉼터에서
종이커피를 마시며
느끼고 있었다, 오월

뭇 시인들의 해맑음과
톨스토이의 내면을 논하면
등나무 그늘 벤치는
풋풋함에 젖어들고 있었다

인어조각상의 아픔에
작은 소망을 전하며
멀어져가는 썰물에
조약돌을 던지고 있었다

조용필의 오륙도는

백사장 모래알 수만큼
온 국민의 향수를 달랬고
우리의 가슴은 모래톱처럼
그렇게 출렁이고 있었다

갇혀버린 추억은
다가갈 수 없는 공간이지만
그때 그 물결은
스무 살 그대로
가슴에 숨 쉬고 있었다

황혼이 올 시간

쉬지 않고 흐르는 시간은
되돌릴 수 없는 아쉬움의 흔적들
짧고 기나긴 길은
폭풍우의 어둠과
날벼락에 밝음이라

늘어가는 생리의 나이테와
가슴속의 상처는
어떤 명의에 어루만짐도
부질없음이라

노을을 재촉하는 시간들은
벌써 사방을 붉게 물들이는데
서산에 지기 싫어 오던 길 뒤돌아보지만
땅거미는 깔려
이미 세상은 어두운 밤이라

비밀의 그림자

내 마음 한 귀퉁이에
세상과 멀어진 무엇 있네

세상사 궁금타 애원해도
모른 척 해도 되는 무엇 있네

다문 입술 열려 갈망해도
웃으며 묵인해도 되는 무엇 있네

인생사 허망타 한탄해도
꿈길에도 버릴 수 없는 무엇 있네

야속타 원망 들을지라도
무덤으로 숨어야하는 무엇 있네

나이 들어서

나이 들어 기억 흐려지면
그대 모습 떠오르지 않을까봐
가슴 속 깊이깊이
그대 얼굴 그려 놓으렵니다

나이 들어 혹여 정신 놓으면
그대 이름 기억 못할까봐
머릿속 하나 가득
그대 이름 새겨 두렵니다

나이 들어 감각 잃으면
그대 숨결 느끼지 못할까봐
가슴 속 차곡차곡
그대 향기로 채워 넣으렵니다

나이 들어 그대 떠나면
그대 가시는 길 쓸쓸하지 않게
함께 했던 추억 가득 새겨
당신의 묘비를 세우렵니다

세월 흘러 그대 향해 갈 때면
이승의 인연일랑 남겨 두고
당신과의 재회만을 생각하며
홀연히 미소를 지으렵니다

먼 훗날 다시 만나면
오직 그대 한 사람만을 위하여

침입자

순백으로 들여다보는가
굽이굽이 시린 가슴을

여명으로 다가오는가
몽글몽글 메마른 살결에

수줍음으로 숨으려 하는가
흐릿흐릿 잿빛 두볼 위에

풋풋함으로 묻고 있는가
가물가물 빛바랜 기억 속에

기쁨으로 웃고 있는가
흐물흐물 공허한 동공 속에

낭만으로 춤추려 하는가
나의 영혼 쇳소리 내는데

제3부

계절이 다 가도록

환절기

빛 거둔 대지
단잠 속에 빠져들면
쓸쓸한 적막
별빛을 가두운다

떨궈진 그리움
촛농처럼 무뎌갈 때
빛바랜 추억
술잔 속에 숨어든다

어제의 섧은 주름
추녀 끝에 매달리면
구멍난 가슴
알콜 내음 분분하다

끈적이는 환절기
내일 향해 헉헉거릴 때
허물 벗는 이 계절
갈증수위만 높아간다

계절이 다 가도록

비가 내리는 날에는
나, 흐르고 싶다
실개천에 흙탕물이라도 되어

실바람이 속삭이는 날에는
나, 오르고 싶다
생솔가지에 검은 연기라도 되어

햇살이 눈부신 날에는
나, 나서고 싶다
느려터진 완행열차라도 되어

파도가 부서지는 날에는
스티로폼 조각이라도 되어
나, 뛰어들고 싶다

멀리 경적소리 들리는 날에는
나, 잠들고 싶다
공원 벤치에 헌 신문지라도 되어

아득히 뱃고동이 울어대는 날에는
나, 그냥 쉬고 싶다
고축의 비석이라도 되어

이렇게 하얀 눈이 내리는 날에는
파고드는 그리움에
나,
소리 내어 울고만 싶다

춘몽(春夢)

춤추던 파도가
하늘을 향해
두 손을 올렸다

눈부신 햇살이
반짝 가슴 열어
오색다리를 주었다

은빛 다리
조각배 되어
희망편지 전해준다

춤추는 하얀 배
호랑나비 날고
청사초롱 은은하다

꽃잎 같은 갑판 위에
무 다리 올렸더니
제기랄
수탉 소리만 요란타

매화

몇 걸음을 걸었나
속삭이는 소리 들린다
어디서 나는 걸까
두 귀를 쫑긋
이리저리 돌려봐도
아무도 보이지 않는데

아,
이를 어쩌나
개울가 울타리
찜질방 앞마당에
소복 입은 아리따운 여인네들

두렵다고 숨어 사느라
너를 깜빡 잊었구나

눈보라 헤치며
순백의 그리움
삭히는 가련함이여

두륜산의 봄

북 미륵암 높은 곳에
앉아있는 부처님
새벽 예불로
아침을 여시면
상좌승의 타종 소리
온 산 저 너머까지 흔들어
나그네의
단잠을 깨우네

진불암
바위틈에
숨어 노는 청솔매
마애불의 염력으로
곡예를 펼치면
머무는 눈길마다
소원성취
연꽃이 나부끼네

일지암

맑은 물에
차향기 번지면
대사의 호령소리
산자락을 흔들고
잊혔던 의승군(義僧軍)의
왕생극락
두 손을 모으네

* 북암, 진불암, 일지암은 전남 해남군 삼산면 두륜산에 위치한 대흥사 산하 암자들.
* 대흥사는 고려 이전에 처음 지어진 절로서, 임진왜란 이후에 서산대사에 의해 승병활동이 있었던 곳.

그 봄

얼어붙었던 땅 위에
힘겹게 피어난 냉이꽃은
봄의 전령되어 코끝을 노크합니다

북풍한설 이겨낸 나뭇가지는
인고의 숨고름으로 싹을 틔우고
새들의 울음소리는
메마른 가슴을 파고듭니다

이제 동백이 열병을 토하면
개나리, 진달래 피어나고
새싹들의 속삭임은 오페라가 되어
온 산천을 뒤덮을 겁니다

진달래 한아름 꺾어 내밀며
부끄러워 부끄러워 얼굴 붉히던
먼 옛날 그 애는 다시 볼 수 없는데
약속한 봄은 또 다시 오고 있습니다

비켜간 바람

밀항한 봄은
등 뒤에 서 있는데
계절의 앙탈은
멈출 줄 모른다

영혼은
희망을 틔우려 하는데
육신은
허물을 벗으려 않는다

다가온 봄은
팔짱을 끼려 하는데
가난한 가슴
시리도록 나부낀다

마음은
벌써 봄인데
약속한 진눈개비는
지금도 내린다

봄을 기다리며

하늘 가득 철새들의 춤사위
반가움의 몸짓을 보내지만
공허함으로 가득찬 마음은
정처없는 길 태우며 갑니다

온몸으로 환호하는 갈대는
여유로운 미소 던지지만
소리없이 멀어지는 발소리에
무심한 세월 느끼며 갑니다

울부짖다 떨어지는 낙엽은
간밤 발가벗은 진실이지만
가슴에 묻을 비밀 간직한 채
약속한 계절 탓하며 갑니다

감미로운 바람의 혹한 구름은
눈물로 녹아내릴 종말 모르지만
찬바람 속에 새 희망을 꿈꾸며
회한의 묵상 배우며 갑니다

순수로 넘치는 하얀 눈송이는
아픈 상처 치유를 원하지만
새봄을 위한 인사이기에
그리움의 수만큼 맞으러 갑니다

시샘

덩그런 마당
온 가득 찾아든
철부지 손님

밀항했던 꽃잎
세상사 허무에
향기 잃은 매화

얼어붙은 날개
절규로 퍼뜩이는
병술년의 잔재

차마 볼 수 없어
어리둥절 빨랫줄에
푸념하는 춘삼월

그 가을바다

이제 물장구치는 아이도
긴 머리 휘날리는 소녀도 없다
가을의 바다는 쓸쓸하여
오직 파도소리만 들릴 뿐

슬픔을 머금은 흰 구름은 힘겹게 흘러가고
원망으로 가득한 나의 가슴은
또 그렇게 요동친다

나의 슬픔과 원한을 바다에 두고 갈 수 있다면
아픈 기억들 구름에 실어서
바람으로 날려 보낼 수 있다면
가벼이 돌아갈 수 있으련만

난 지금 여기에 있다
바람은 구름을 재촉하고
구름은 궂은비를 재촉하며
함께 온 이는 나를 부른다

가을놀이

– 보궐선거에 부쳐

초승달의 눈 흘김에
구름이 흩어지고
은빛 파도를 타고
가을은 찾아왔다

동자승의 독경 소리에
나뭇잎들은 홍조를 띠고
금빛 들녘 오솔길에는
구절초가 만발했다

무성들이 개망초는
갈잎으로 사라지고
길섶마다 온통
불장난이 시작되었다

세상 티끌 다 쓸어갈
기적의 가을을 맞느라
나 지금
등대고 모로 누워 있다

가을 무정

황홀함으로 다가오더니
고독함만 심어놓는 너

청정함으로 파고들어와
스산함만 뿌려놓은 너

오묘함으로 물들어서
무거움만 내려놓은 너

찬란함으로 반짝이어
아득함만 남겨놓은 너

풍요로움으로 맘 설레어
두려움만 묻어놓은 너

애틋함으로 흔들어서
달빛만 흐려놓은 너

밤새워 퍼내어도
가슴 속 범람하는 너

가을의 길

귀뚜라미 앞세우고
코스모스 향내 풍기며
임이 오십니다

아름드리 목화꽃을 안고
비취빛 바다 위를
걸어오십니다

들꽃의 미소와
갈잎의 마중을 받으며
유유히 오십니다

지난날 격정의 몸부림은
더 성숙하기 위함이라고
여유로움으로 오십니다

삶의 무게 겨워
당신 앞에 설 수 없는
나를 향해
미소로 오십니다

가을 느티나무

무더위를 피해
앉아있던 굵은 나무는
이제 가을의 바람기를
온몸으로 받아들인다

날마다 옷을 갈아입어도
수줍은 미소는 사라지고
찬란했던 여름의 추억 지우며
가을의 화려함을 견딜 수 없어
이제 천천히 이별을 준비한다

갈바람은 육신을 노크하고
소낙비는 네 영혼을 훔쳐 버리는데

영원히 함께하자던 언약은
대지 위로 흩어지며
위이잉~

울음을 터트리고 있다

추석 유감

차고 넘친다는
풍요로운 계절의 정점

물러가는 여름은
며칠째 피를 토하고
밀항한 가을은
어느새 매미에게 제 살을
내어주었다

아쉬움인지
아픔인지 모를
시린 통곡이 멈추는 시각
녹음방초의 불장난은
막을 내렸다

끝내 감지 못한
억울한 혼백의 두 눈은
송곳니 갈아세운
귀뚜라미를 부르며

허공으로 흩어졌다

2003년 중추가절은
빈 껍데기 가을을 남겨둔 채
매미의 날개 되어
어디론가 날아가 버렸다

* 2003년 9월 12일 전국을 강타한 제14호 태풍 '매미'는 북한에서 제출한 이름이다.

팔자소관

미처 악수도 나누지 못했는데
가을은 떠나가려 하네

산비탈 구절초는 사라진지 오래이고
무성들이 나무는 뼈대만 남아
참새들만 이따금씩 오르내리네

내렸던 가랑비가
서늘한 기운으로 겨울 부르고
그늘진 곳에 모여든 낙엽들은
수은주의 눈금이 내려가길 기다리네

나의 눈동자는 불투명하여
하늘이 온통 잿빛으로 다가오네

내가 흘린 몇 방울의 눈물이
봄을 맞기 위한 고통이라면
독약 같은 그리움도
팔자소관이겠지

아낙의 겨울

돌아가는 시계소리가
몹시도 서러운 밤
우웅거리는 칼바람은
영혼의 삭신 흔들고
유령의 불빛 앞세운
차가운 고독이 내린다

지나온 시간과 더불어
유년시절이 고개를 들면
흙 담에 돋았던 초롱 전등불은
가슴 싸한 그네를 타고
추억 속 고무신이 닳도록
가슴을 짓누른다

외딴 초가지붕 흰 연기 오르면
신령의 기침 들려오고
강이 바다를 꾸짖을 즈음
엇갈린 세상 여린 꿈은
댓돌 위 쌓이는 눈으로
아낙의 고독을 삼킨다

첫눈 내리면

새날의 설렘으로
조심스레 열어본 아침은
솜이불이 깔려있고

밀항했던 불효자에게
인사치레 못한 앞산은
유년의 쑥고물로 움츠렸다

젊은 기억으로
숨 가쁘게 내리는 꽃송이는
허접한 각질처럼 흩어지고

흘러버린 세월은
내 삶의 전주곡이었노라
절개 없는 변명만 그칠 줄 모른다

겨울이 찾아와서

자고 났더니
온 세상이 변했다

하늘과 땅이
선명하게 갈라섰다

겨울이다
진정 겨울이다

나의 바다에
손님이 찾아왔다

끝없는 차가움에
엷어져가는 기억

밖은 온통 하얗고
내 가슴은 까맣다

지금 밖에는

하얀 쌀가루 뿌리듯
사나흘 밤부터 한없이 내리는
눈, 눈, 눈……

구름으로 그늘진 하늘 사이로
이따금씩 햇살이 얼굴을 내밀곤
이내 숨어 버리고
서너 마리의 참새만 몸을 떨며
앙상한 나뭇가지를 붙들고 있다

어디선가 잿빛 구름을
원망하는 한숨소리가 들려오는 것 같은데
을씨년스럽게 바람은 불어대고
우리 아닌 나는 마음 참 쓸쓸하다

어릴 적 함께 눈 내리는 겨울을 기뻐하던
그 아이 떠나간 후

이제 그 겨울은 지우고만 싶은 계절이 되었다

제4부

시집평설

따스한 마음자리에 세운 서정의 사원

박 진 환
(문학평론가 · 문학박사)

Ⅰ. 前提

시가 어디에서 오느냐고 묻는다면, 이에 대한 물음에 명쾌한 답을 건네기란 아마도 쉽지 않을 듯하다. 왜냐하면 인간의 살아가는 모습이 다양하고 둘러싼 환경이 다르고 우리가 디딘 세상이 한없이 넓기에 시의 소재가 될 수 있는 것들의 무궁무진함 때문이 아닐까 싶다. 그렇다 하더라도 사람 사는 세상의 의미 있는 풍경들을 잡아내 공감을 전해주는 것이 바로 시인의 역할이 아니겠는가.

시의 객관적 현실반영은 시적 대상의 외양과 속성의 반영이기도 하지만 결국은 시적 세계와 대상에 대한 시인의 깊고 넓은 주관성에 달려있다. 시인의 내적 자아가 외부세계와 다양하게 만나면서 유기적으로 조화를 이루어 가는데 이것이 현실 반영의 성공 여부를 결정짓는다.

그렇기에 시인은 시인 주변의 삶을 끝도 없이 돌아보고 직시하며 그것을 시에 반영한다. 이는 시인 일상에 밀착해 있는 환경과 대상을 위무하면서 동시에 뜨겁고 순결한 순간들을 현재의 삶에 가져와 정직하고 맑게 환기시켜 친구 같은 시적 존재 대상으로 만들어냄을 뜻한다.

자신이 발 딛었던 세계, 혹은 지금 현재 딛고 있는 세상의 한 복판을 정면으로 응시하며 동시에 시적 경계를 허물어 소통하고자 하는 노력을 시인은 시집에서 선보이는 것이다.

여기 세상과 끝도 없이 소통하고자 하는 시인, 읽는 이를 시적 세계의 맑은 골로 인도하는 시인이 있다. 시의 가두리에서 서성이기보다는 마음자리의 중심으로 흘러 서정을 같이 나누고자 하는 시인, 삶의 고통과 이런 저런 회한을 가라앉히고 그 위로 떠오른 평온한 풍경을 시의 전면에 세우는 시인이다. 시집 『그리움도 사랑이어라』의 시세계로 들어가 보기로 하자.

2. 삶과 추억을 반추하는 시편들

유년 정월 초순
엄마 따라 그곳에 가면
빨간 손 합장하며
반겨주던 이가 있었다

큰스님 법당에 엎드려
부처의 자비를 구할 때
아이는 하얀 눈 위에
이승의 자국을 남겼다

어느 봄 생모 따라
세속으로 돌아간 아이
잘 산다더라, 죽었다더라
소문만 무성하였지

다시 홀로 찾은 그곳에
지난 영화 흔적 없고
등줄기 굽어진 늙은 나무
피멍울이 맺혀 있다

코 베어간다는 전장에서
붉은 노래 부르지나 않는지
갈라진 석불은 오늘도
귀의(歸依)중생 기다리고 있다

– 「귀의(歸依)」 전문

줄줄이 기암괴석
의연한 병풍 칠제
금샘으로 표류하던
노승의 억겁 번뇌

형세는 장엄함이요
풍경은 수려함이라

세월의 굴레로도
얻지 못한 득도(得道)의 꿈

영험(靈驗)괘불 미소로
군고(軍鼓)소리 요란할 제
튀지 못한 땅속 범종은
허허로운 가슴 두드리나니

몸 앞서 마음 내 준
빈 마음 백치(白痴)영혼
동백 한 잎 동무 삼아
목 놓아 울어도 좋으리

– 「달마산 미황사(美黃寺)」 전문

시인의 유년과 고향을 소재로 한 시들에서는 자연물이 배경이 되기도 하고 주체가 되기도 하면서 자연스럽게 하나로 어우러진다. 이들이 적절히 섞여 있는 속에서 시인은 이들이 이루는 풍경의 일부가 되기도 한다. 자연과 어우러져 지낸 것에 대한 기억과, 거기에서 발생되는 정서에 완전한 합일을 이루기도 하는데 때로 그 합일은 시 「그리움도 사랑이어라」 와 「달마산 미황사(美黃寺)」 에서처럼 종교적 염원으로 표출되기도 한다. 자연과 고향을 중심으로 한 시들은 추억의 반추와 어울려 시인의 시적 근간을 이루고 있다.

시인의 시에는 유독 소외되고 외톨이된 것에 대한 측은지심이 가득하다. 풍요를 노래하되 모자라고 처진 것들에 대한 돌아봄을 잊지 않는다. 땅에서도 바닥을 살피며 일상의 사소한 것에서 시적 꼬투리를 잡는다고 할 수 있다. 그것은 존재의 허망함을 드러내기보다는 정서를 접붙여 좀 더 따스하고 공감있게 만들려는 시인의 의도 때문이라고 할 수 있다.

모든 존재는 본래 외로운 것인데 서로 가까워지려 하며, 그 가까워지려는 노력과 그 과정이 눈물겹도록 허망하기도 하다. 그러나 그것이 모든 존재의 숙명이라고 믿기에 존재끼리의 결속을 시인은 꿈꾸는 것이 아닐까 싶다.

꽃이 피었다
내 아비의 손등 위에
밤색 검버섯꽃이

꽃이 피었다
내 어미의 가슴팍에
검은 숯검뎅이꽃이

꽃이 피었다
내 아우의 이마 위에
벌건 알코올꽃이

꽃이 피었다
내 동무의 무덤 위에
허연 쓴 웃음꽃이

꽃이 피었다
온 대지 위에

빨간 밥풀꽃이 피었다

– 「밥풀꽃」 전문

뿌옇게 나타나는
머언 동화 속 옛날 옛적의 우리들
안개 속으로 아쉽게 사라지고
어른이 되어버린 낯선 얼굴
두루뭉술한 언어의 유희들

말속에 가시를 박고
구멍 뚫린 심장에서 가시를 빼어보나
하얗게 멍이 들고
아픔으로 헝클어진 주전부리 시간들만
어둠으로 빨려간다

뻥 뚫린 서로의 가슴은
할머니의 약손으로도 치유될 수 없음에
하얀 깃발만 나부낀다.

– 「가면 뒤의 슬픔」 부분

우리들 삶이 보기에 따라서는 아름답기도 하지만 시각을 달리하면 저마다의 질펀한 사연들을 품고 있다. 그래서 행복과 슬픔이 교직되는 것이 삶이지만 시인은 이 복잡하고도 미묘한 삶의 순간과 사건과 감정들을 절묘하게 긍정으로 빚어낸다.

추억은 현재의 다른 이름이라고 했다. 추억으로 불리는 과거의 기억은 언제나 아름다운 것으로만 채워져 있지는 않다. 시인의 오감에 맞닿은 그것은 시인이 처한 현재의 상황에 따라 아름답게도, 슬프게도, 혹은 고통스럽게도 그려지는데 그 이유는 추억은 과거라는 시간 속에서 현재를 반영하기 때문이다.

과거를 돌이켜보는 시각은 현재 시인의 위치와 상황에 따라 달라진다. 고정불변의 느낌으로 찾아오는 것이 아니라 추억은 현재의 삶을 배경으로 한다. 그러므로 유년과 유년을 배경으로 한 자연과 고향에 대한 기억장치는 지금의 상황과 불가분의 관계를 맺는 것이다. 예시 「밥풀꽃」, 「가면 뒤의 슬픔」 등은 과격하지 않은 차분한 슬픔까지도 아름다움으로 승화시킨다고 할 수 있다.

저 놈의 울음소리
무슨 바람이 불었기에
가슴속 풀무질인가

절간 같은 산야가
군침으로 흥분을 하는데
저고리 풀어 젖히고
주린 사랑을 찾아 헤매는가

새끼는 난전(難戰)에 두고
지난 수모도 잊은 채
욕정에 목마름으로
신열을 일으키는가

빨갛게 달군 가슴

불꽃 웃음 튕기다가
들장미의 입맞춤으로
불장난은 숯덩이 되는 것을

숙쩍꿍 숙쩍꿍
무색 가슴만 태우는
저 놈의 울음소리

– 「불여귀」 전문

이제 동백이 열병을 토하면
개나리, 진달래 피어나고
새싹들의 속삭임은 오페라가 되어
온 산천을 뒤덮을 겁니다

진달래 한아름 꺾어 내밀며
부끄러워 부끄러워 얼굴 붉히던
먼 옛날 그 애는 다시 볼 수 없는데
약속한 봄은 또 다시 오고 있습니다

– 「그 봄」 부분

예시처럼 주변의 작고 사소한 사물과 대상들을 살피는 시인의 성정으로 인하여 시 속에는 자연물이 오롯이 생명체로 살아 있으며, 또한 친숙함과 정(情)적인 요소들이 고스란히 전해진다. 이러한 시적 특징에는 식물성 혹은 서정성의 세계관 내지는 미적 의식이 바탕이 되어 있음이다. 식물 혹은 광물, 더 나아가 동물까지도 포함하는 자연물은 시적 전유물이다. 자연은 인간에게 적극적으로 행동의 제약을 가하지 않고 다만 본성 그대로의 위치에서 올곧은 모양을 갖춘 정직성과 순수성을 지니고 있기에 시인은 자연의 그 본성을 시적 소재로 즐겨 다룬다.

시인의 시적 일상이 자연을 배경으로 한 추억과 그것으로 인한 서정과 어우러짐은 자연이 주는 비폭력성이 삶의 곳곳에 잠복해 있는 폭력성, 다시 말하면 평화로운 일상을 깨뜨리는 무자비한 힘을 누그러뜨리고 과거의 시간에 대한 기억의 장치가 현실의 발 빠른 삶과 조우해 과거의 의미와 진실을 재구성, 현실에 대한 긍정의 인식으로 변화되는 효과를 가져온다. 그 긍정으로 인하여 '숙쩍꿍 숙쩍꿍' 울던 '불여귀'도 다시 '그 봄'을 기다리는 것은 아닐까.

청솔매의 하품에 못 이겨
해거름이 산자락에 스며들면
동자승의 걸음을 재촉하는 땅거미
검은 빛으로 밀려오리라

눅눅히 밀려오는 그림자의 넓이
하염없이 초연해지는 시간 속에
소리 없이 다가와 어둠은 크고 넓어서
이내 젊음도 밀리어 가리라

작설차의 향기에 젖어
고로쇠의 수액이 흐르고
핏빛으로 변해버린 동백과 손사래 치며
나 또한 그렇게 가리라

– 「밤으로 가는 길」 전문

길을 가다가
양지 녘 볕을 쬐이면
엄마처럼 안아주고 싶다

길을 가다가
홍시 빛 노을을 만나면
연인처럼 사랑하고 싶다

길을 가다가
무리의 철새를 쳐다보면
장님처럼 노래하고 싶다

길을 가다가
씨뿌리는 농부를 만나면
새싹처럼 자라나고 싶다

길을 가다가
무성들이 잡초를 만지면
제비처럼 앉아보고 싶다

길을 가다가
땀 흘리는 개미를 보면
무쇠처럼 강해지고 싶다

저마다 모든 것들이
열심히 살아보겠다고 발버둥치고

흔들림 없이 사는 일은
바로 오늘이다

– 「길에 관한 생각」 부분

한편 시인의 탄탄한 시력과 시의 미적 균형감각은 시적 대상을 따뜻하게, 섬세하게 들여다보면서 시적 아름다움과 존재의 근원을 파헤친다. 존재의 영원성과 지향성을 굳게 믿는 시인의 시력은 지나온 생을 되돌아보며 존재들의 아름다움을 발굴해내고 그것을 섬세하게 보여주는 것이다. 시인과 시적 대상이 하나가 되면서 분출되는 시적 아름다움은 시인의 삶에서의 깨달음을 농축한 아름다움이며 그 아름다움을 통해서 독자는 자신의 속됨과 성스러움의 속성의 경계를 넘나들며 또 다른 깨달음을 획득하는 것이다.

시 「밤으로 가는 길」, 「길에 관한 생각」은 우울하고, 쓸쓸하고, 아름다운 삶의 길을 다양한 사물, 즉 자연으로 대치, 섬세한 시적 언어로 구현해 내고 있다. 그러나 그 과정으로 가는 길은 늘 긍정으로 기울어지고 있음을 알 수 있다.

'젊음도 밀리어 가듯' 시간이 지나감을 아쉬워하고, '열심히 살아보겠다고 발버둥치고' 가는 모습이지만, 한편으로 '흔들림 없이' 영원을 꿈꾸는 것이 모순일 것 같지만 이것은 바로 인간적인 모습이며 바로 우리들의 모습이 아니겠는가.

3. 결어

인문학의 위기를 말하는 이 시대, 현실과 동떨어진 문학, 독자를 외면하는 문학으로 인하여 시는 독자와의 거리를 좁히기보다는 점점 더 벌리고 있다고 한다. 그 원인을 여러 가지로 꼽지만 그중 하나는 시인 스스로가 단절의 높은 담을 쌓고 소통에 귀를 세우기보다는 자신만의 자리매김과 고정된 영역 확보에 주력한 때문이라는 것도 간과하지 않을 수 없다.

일부의 성향을 전체의 흐름으로 보는 것은 과장된 면이 없지는 않지만 요즈음 일부 시단에서 부는 정제되지 않은 과도한 이미지의 수사학이나 이해불가의 장광설의 시들을 대하면서 새로움과 혁신이라는 이름으로 도색된 시단의 위기를 실감하곤 한다. 기존의 서정성에 기반을 둔 시적 형식을 낡은 것으로, 새로운 흐름을 진보적인 것으로 치부하는 시각에 대해 문학은 이래야 한다고 고정된 틀에 가두기보다는, 비평적 사고의 잣대를 먼저 들이대기보다는 우리 스스로 이 문제에 대해 좀 더 고민을 해야 하는 것이 아닐까 생각해본다.

시의 소통 부재를 염려하는 시대에 지금껏 지나온 삶의 의미를 곱씹고 미래에 대한 긍정적 예감을 가치로 여기는 폭넓은 삶의 탐구 내지는 생의 성찰을 보여주는 시, 심적 안정과 평화의 길로 인도하는 시집을 만났다. 시인은 새로운 시, 혁신적인 시에 대한 관심보다는 시인 나름의 색깔을 시에서 보여주려 애쓰고 있으며 그 노력은 앞으로도 계속되리라 미루어 짐작할 수 있다.

인간 삶의 불합리와 부조리 내지는 사회적 부조리에 대한 격앙된 목소리 대신 자연과 인간본성의 진실성에 마음을 내려놓고 그들의 소리에 귀 기울이며 인간의 가장 순수한 유년의 추억과 그 추억에 묻어오는 향수에 회귀하는 시인. 그런 시인의 시편들을 만나며 고향과 그것에서 오는 추억은 시인에게 어떤 의미이며 어떤 시적 가치를 주는 것일까 생각해보지 않을 수 없다.

고향은 시인에게 복잡한 현실의 일상에서 놓여나는 정신적 지주이며 시적 근간이 되는 소재다. 팍팍한 일상에서 맛보기 힘든 삶의 진실과 의미, 그리고 삶의 냄새를 느끼게 해주는 곳이라 할 수 있다.

세상을 대하는 방식과 태도, 그것을 바라보는 눈은 각자 다르지만 시인이 도달하고 받아들이고 깨달아가는 인식은 아직 가보지 못했거나 경험하거나 깨닫지 못한 세계에 대한 시 읽기의 즐거움을 전해준다. 통상 우리가 아무것도 아니라고 여기는 사소한 것에서 시인은 생의 진리 내지는 깨달음을 얻는 것은 그동안 쌓은 삶의 경험과 철학이 기본에 탄탄히 놓여있기 때문이다.

아무것도 아닌 것, 사소한 것을 행복으로 깨닫기 위해서는 오랜 세월이 필요함을 실감하게 하는데 이는 작은 사물에게 생명을 불어넣고 주변 환경을 성스러운 눈길로 바라보고, 만나고 접하는 사람들에게 애정과 평화를 느끼고 그것을 심어주는 시인의 인식 때문이다.

시집 『그리움도 사랑이어라』는 시인의 따스한 마음이 시적 대상으로 스며들어가 독창적 공감의 사원, 오롯한 서정의 미학을 실천하고 있다는 결론을 지을 수 있다.

•

이외단 시인은 1961년 전남 해남 황산출생으로 해남소식지 '주민생활 글 현상공모'입상(2003), 「해남문학」 신인상 시당선(2003), 「문학21」 시 등단(2005), 「한류문학」 시 등단(2006), 「한류문예」 '이달의 시인' 선정(2007), 「진도홍주사랑」 시 입상(2008), 전남 · 광주여성백일장 시 입상(2008)의 경력이 있으며 현 해남문학회 사무국장, 다음카페 해남을 사랑하는 사람들지기 (http://cafe.daum.net/SODAS)로 있다. E mail::danyoiyi@ hanmail.net

•

조선문학시인선 283

그리움도 사랑이어라

2010년 10월 20일 인쇄
2010년 10월 25일 발행

지은이 / 이외단
발행인 / 박진환
펴낸곳 / 조선문학사
등록번호 / 1-2733
주소 · 110-092 서울 서대문구 홍제2동 96-4
대표전화 / 730-2255
팩스 / 723-9373
ISBN 978-89-93614-44-2

정가 8,000원